幼兒玩科學 主題性科學遊戲

高家斌、白沛緹、高婉綾　著

作者簡介

高家斌

現職：南臺科技大學幼兒保育系教授

學歷：University of Glasgow 教育學院訪問學者（科技部科技學人短期研究補助）

臺北市立教育大學國民教育研究所博士

主要研究領域：幼兒科學與科技、教師專業發展、數位學習、創新教學

經歷：具有執行科技部科普計畫、科學志工火車頭計畫……等政府計畫及產學合作計畫經驗，並實地帶領學生從事海內外幼兒科學教學活動及服務經驗長達十年以上

白沛緹

現職：樂學兒童創意空間主任

學歷：南臺科技大學教育領導與評鑑研究所

經歷：課後照顧中心主任、小地球創意科學教學團隊總監、南臺科技大學幼保系兼任講師、台南應用科技大學幼保系兼任講師、幼兒園與國小科學遊戲才藝老師、國小代課老師、幼兒園教師

高婉綾

現職：上華幼兒園教師

學歷：南臺科技大學幼兒保育系

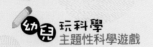

序

　　遊戲對於幼兒的重要性，即是生活、學習與快樂的泉源。國內外幼教學者都十分重視遊戲的價值，也鼓勵老師多安排遊戲化的活動，帶著孩子一起玩遊戲。據此，市面上開始推出各式各樣的遊戲，讓幼兒園直接購買遊戲套組，也讓老師從遊戲的參與者變成監督與維護安全的角色。我們都常忽略了幼兒其實是天生的科學家與藝術家，對於生活周遭的各種現象充滿好奇心與想像力，只要多給他們一些探索與學習的空間，孩子常能萌發出許多有趣的好問題。透過遊戲的方式來引導孩子玩科學亦是如此，希望讓孩子從生活中探索可能的遊戲素材、操作方式與玩法，藉由一次又一次的遊戲過程持續累積孩子對於科學的想像與興趣。

　　2011 年筆者在科技部科普計畫的支持下，開啟了幼兒科學遊戲的設計與推廣，希望將科學現象結合遊戲化的活動帶給幼兒園小朋友有趣的科學遊戲體驗。在每年逾十所學校的實地推廣過程中，持續訓練幼保系學生瞭解科學遊戲的操作與體驗方式，也讓幼兒園的小朋友們能感受科學遊戲的好玩與趣味性。本書係針對幼兒園教師、教保員及幼教師資培育機構的學習實務需求進行撰寫，希望提供常見的生活素材及清楚簡單的操作步驟讓幼兒園教師、教保員及職前教保服務人員都能輕鬆學習帶著幼兒玩科學。

　　本書內容架構分為六大主題，共 30 個單元，其內容包括：風的玩家、遊戲王國、看誰跑得快、奇妙的動力、神奇魔術秀以及幼兒運動會。各個主題均巧妙地結合風力、摩擦力、表面張力、平衡、反作用力、磁力、折射及視覺暫留等科學原理與遊戲方式來呈現，讓小朋友從科學遊戲中感受科學原理與現象，增加科學的趣味性。

　　本書的出版要感謝「小地球創意科學」教學團隊的所有成員及南臺幼保系

的學生群們，她們利用平日及課餘時間協助蒐集與整理教學資料，並將每次的科學教學活動透過圖片及照片的呈現方式彙整成遊戲單元內容，讓本書得以圖像化教學的呈現方式讓幼教現場老師及職前教保人員能更輕鬆的學習與理解科學遊戲的帶領方式。也要謝謝我們所服務過的臺南及高雄地區的幼兒園園長、老師及小朋友們，有他們的支持與分享，讓我們看到孩子玩科學的喜悅與成長，也鼓舞了老師帶著孩子玩科學及從事幼兒科學教學的信心。

最後，感謝心理出版社的全力協助與配合，他們努力的校稿及確認圖片與照片的畫質，希望將最精彩豐富的內容呈現給讀者。相信本書的出版能讓老師們清楚地從書中找到適合的主題內容教導孩子玩科學，協助老師們在規劃幼兒科學教學活動時能多一些參考素材，突破既有的專業限制，透過遊戲的方式引導孩子有更多的科學探索與想像，讓幼兒園能成為一個有趣的科學遊樂園。

高家斌

2017 年 8 月

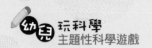

目次 CONTENTS

PART 1 風的玩家

● 超級跑車、太空梭、噴射砲、戰鬥機、空氣彈

　　本主題是利用風力讓小朋友的科學遊戲教具或其他物品移動。如果「超級跑車」、「太空梭」、「戰鬥機」無法產生最大風力,將因此影響科學遊戲教具前進的速度及距離;而「噴射砲」、「空氣彈」若是無法產生足夠的風力,將無法發射或是使其他物品移動。同時,我們也藉由遊戲的方式,將此科學原理與現象自然而然地呈現出來,增加科學的趣味性,啟發小朋友學習科學的興趣。

1-1　超級跑車

有一天，小精靈與小仙女看照片時，看到一張到海邊玩的照片，照片中的海面上有好多帆船。

小精靈：「哇！帆船好厲害喔！它可以自由地在海面上航行呢！」
小仙女：「對啊！帆船是藉由風力而讓船在海面上航行喔！」

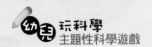

小精靈：「咦？那陸地上有什麼東西是可以藉由風來移動呢？」
小仙女：「有啊！我們可以運用風力來製作一輛陸地上的跑車喔！」

小精靈：「哇！聽起來好好玩喔！妳可以教我做嗎？」
小仙女：「可以啊！小朋友～讓我們一起來動手幫小精靈製作一輛『超級跑車』吧！」

一 步驟實作

材料

厚紙板兩張（不同顏色）

瓶蓋四個

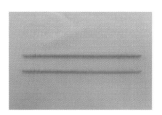

筷子兩根

粗吸管兩根

剪刀

鉛筆

尺

錐子

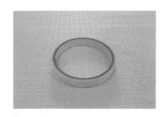

雙面膠

保麗龍膠

作法

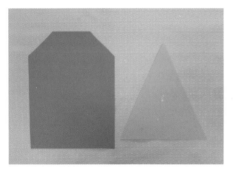

分別在厚紙板畫一個六邊形（長 20 公分寬 15 公分，再將上端左右兩邊剪掉 4 公分）與一個三角形（高 16.5 公分寬 15 公分），並將六邊形與三角形剪下。

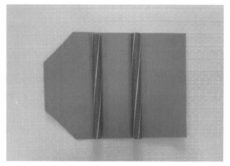

將兩根吸管剪成 15 公分長，並用雙面膠固定在車子的底盤上。

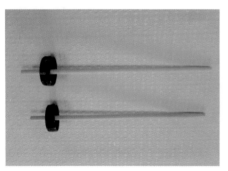

用錐子將瓶蓋穿好洞，將筷子的一邊穿過瓶蓋。

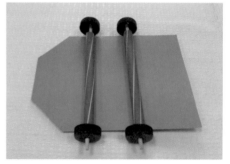

將筷子套進吸管後組裝瓶蓋，並將瓶蓋與筷子用保麗龍膠固定。

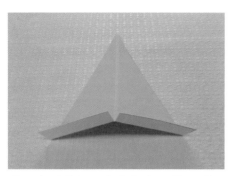

將三角形對摺，在底部黏上雙面膠，並在中間對摺處剪開，左右兩側分別往外摺。

將三角形黏貼在六邊形厚紙板上。對著風帆吹氣，車子就會前進喔！

二 遊戲體驗

遊戲一

老師將小朋友分組，站在起跑點上，對著風帆吹氣，讓超級跑車前進。

跑最遠的組別獲勝。

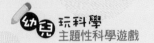
遊戲二

老師先將小朋友分組，並在地面或桌面上設置各種不同的障礙物（例如：三角錐）。

讓小朋友採接力的方式讓超級跑車前進，最快前進的組別獲勝。

三 溫馨叮嚀

1. 老師或家長在步驟實作方面要注意可事先在厚紙板上繪製線稿，幫助小朋友順利剪下三角形與六邊形。

2. 在輪子上打洞時，可先用奇異筆畫上位置後穿洞，再用剪刀前端將洞鑽大，並由大人操作。

3. 組裝跑車底盤時，要提醒小朋友三角形對摺後的凹處需朝向車尾。

4. 在遊戲體驗方面，老師或家長可先示範跑車的玩法，並依小朋友的能力來決定風帆跑車前進的距離與範圍。

5. 第二個遊戲活動時，可視教學環境及小朋友的能力，來設置不同的障礙物以增加趣味性。

1-2　太空梭

小精靈想參加動物舞會，當小精靈找不到可以去舞會的路時，剛好遇到了小仙女。

小仙女：「發生什麼事了呢？」

小精靈：「我要去參加舞會，但是我卻迷路了。」

小仙女：「如果有太空梭，就可以像飛機一樣飛在天空中了，這樣就能看到舞會地點了啊！」

小精靈：「哇！聽起來好棒喔！妳可以教我做嗎？」
小仙女：「可以啊！小朋友～讓我們一起動手來幫小精靈製作『太空梭』吧！」

⬤ 步驟實作

材料

吸管

粉彩紙（可不同顏色）

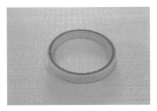

雙面膠

剪刀

尺

作法

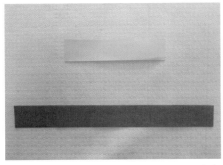

先剪兩條一短一長的粉彩紙條（寬2.5 公分長 24 公分、寬 2.5 公分長 12公分）。

將剪好的兩條紙條分別捲成圓環狀，並用雙面膠固定。

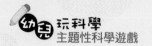

將三根吸管的一端用雙面膠平均黏在
小紙環外側，另一端平均黏在大紙環
的內側。手拿吸管處並往前射，太空
梭就會往前飛行喔！

二 遊戲體驗

遊戲一

老師先將小朋友分組，讓每組小朋友
分別站在起點線上，並同時一起發射
太空梭。

太空梭發射最遠的組別獲勝。

遊戲二

老師製作九宮格分數板,讓小朋友分組輪流發射太空梭。

分數累積最高的組別獲勝。

三 溫馨叮嚀

1. 老師或家長在步驟實作方面要注意黏貼吸管於紙環時,可先在紙環標示要黏貼的位置,或直接將雙面膠黏在紙環上,方便小朋友黏貼。

2. 在遊戲體驗方面,老師或家長可先示範太空梭的玩法(小圓朝前),並提醒小朋友不可朝著人發射。

3. 進行第二個遊戲活動時,可依小朋友的能力而決定太空梭發射至九宮格的距離。

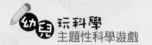

1-3 噴射砲

有一天，小精靈與小仙女一起去參加園遊會時，看到了空氣槍的遊戲。

小精靈：「哇！這是什麼啊？為什麼它可以射擊呢？」

小仙女：「這是空氣槍，它可以透過空氣來發射，這樣就可以將目標物擊落喔！」

小精靈：「真的嗎？我好想試試看！」

小仙女：「在我們生活中，也可以製作簡易且與空氣有關的發射器喔！」

小精靈：「哇！聽起來好好玩喔！可以請妳教我製作嗎？」

小仙女：「可以啊！小朋友～讓我們一起動手幫小精靈製作『噴射砲』吧！」

● 步驟實作

材料

材質較軟的寶特瓶及瓶蓋
一個

彩色膠帶

小塑膠袋一個

剪刀

作法

在寶特瓶黏上各種顏色的膠帶。

將寶特瓶蓋放在小塑膠袋裡底部打
結，並將多餘的塑膠袋剪掉。

最後將塑膠袋揉成一團,並塞入寶特
瓶中。輕輕蓋上蓋子不要將瓶子與瓶
蓋鎖在一起,用力擠壓瓶子就能噴射
出砲彈喔!

二 遊戲體驗

遊戲一

老師先將小朋友分組,並在地上設置
一個有顏色的區域(例如:紅、黃、
藍)。

由老師發號指令(例如:將噴射砲發
射到紅色區塊),最快完成指令的組
別獲勝。

遊戲二

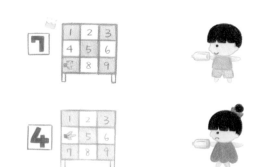

先將小朋友分組，並由老師事先製作九宮格分數板，讓小朋友輪流發射自己的噴射砲。

最後由老師統計每組的分數，分數較高的組別獲勝。

三 溫馨叮嚀

1. 老師或家長在步驟實作方面要注意小塑膠袋打結處需接近瓶蓋，以避免無法將瓶蓋固定於塑膠袋裡。

2. 在遊戲體驗方面，老師或家長可提醒小朋友，要將小塑膠袋揉成圓之後再塞入寶特瓶裡，並裁剪成適當的長度，避免影響發射距離，且示範正確的玩法。

3. 進行第二個遊戲活動時，可視小朋友的能力來決定九宮格分數板的放置位置，以提升小朋友射中目標物的機率。

1-4　戰鬥機

有一天，小精靈與小仙女經過機場時，看到停在飛機場裡的飛機。

小精靈：「哇！是飛機耶～飛機好大喔！而且還可以在天上飛的好高、好遠呢！」

小仙女：「對啊！你想要有一架屬於自己的戰鬥機嗎？我可以教你製作喔！」

小精靈:「真的嗎?那要怎麼做呢?」
小仙女:「很簡單呀!我們只要運用一些簡單的材料,就可以做出來喔!」

小精靈:「哇!聽起來好好玩喔!妳可以教我做嗎?」
小仙女:「可以啊!小朋友～讓我們一起來動手幫小精靈製作一架『戰鬥機』
吧!」

➊ 步驟實作

材料

A4 紙（白色或彩色皆　橡皮筋　　　　　　打洞器
可）

膠帶

作法

 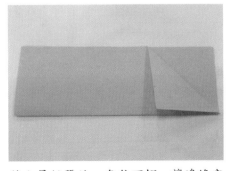

先將紙張的長邊與長邊重疊在一起　　　將上層紙張的一角往下摺，讓邊緣與
後，對摺並壓平。　　　　　　　　　　底部貼齊並壓平，下層紙張也是這樣
　　　　　　　　　　　　　　　　　　做。

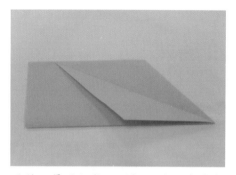

再將上層的紙往下再摺一次，與底部貼齊壓平，下層紙張也是這樣做，紙張兩面皆需摺同一角，並用膠帶將兩面摺好的三角形固定於紙張下方，且需與底部貼齊。

將紙張長邊的部分往下摺，讓邊緣貼齊底部，且上下兩層都要摺，當作飛機的機翼。

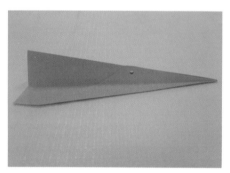

在飛機底部中間處，黏上膠帶後打洞。

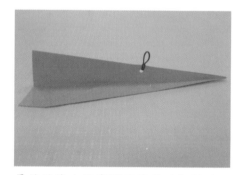

最後將橡皮筋穿過飛機前端打好的洞裡，並打結。將橡皮筋勾住手指，把飛機往後拉再放開，飛機就會往前飛很遠喔！

二 遊戲體驗

遊戲一

老師先將小朋友分組,讓每組小朋友採輪流的方式來發射戰鬥機。

將戰鬥機射最遠的組別獲勝。

遊戲二

老師事先準備好九宮格分數板,並將小朋友分組,讓每組小朋友將自己的戰鬥機射到九宮格分數板。

射到的數字即為每組的得分分數,每組分數不斷累加,分數累計最高的組別獲勝。

三 溫馨叮嚀

1. 老師或家長在步驟實作方面要注意摺紙的動作，可用大海報繪製摺紙飛機的步驟流程圖，方便小朋友依步驟製作。

2. 在遊戲體驗方面，老師或家長可先向小朋友示範如何發射自己的戰鬥機，並提醒小朋友不可朝人發射，以免危險。

3. 進行第二個遊戲活動時，可依小朋友的能力，決定九宮格的放置範圍與格子之大小或調整教學方式。

1-5　空氣彈

有一天，小精靈與小仙女一起參觀古蹟裡所展示的軍事武器，結果他們看到了大砲的模型。

小精靈：「哇！這座大砲看起來好壯觀喔！以前大砲真的可以發射嗎？」
小仙女：「可以啊！大砲的威力很大喔！而且還會發出轟隆轟隆的聲響呢！」

小精靈：「真的嗎？我好想試試看發射大砲喔！」

小仙女：「沒問題呀！在我們生活中，也可以製作簡易的大砲喔！」

小精靈：「哇！聽起來好好玩喔！妳可以教我做嗎？」

小仙女：「可以啊！小朋友～讓我們一起來動手幫小精靈製作『空氣彈』吧！」

步驟實作

材料

養樂多瓶

剪刀

氣球一個

彩色膠帶

作法

將養樂多瓶底部用剪刀平整地切除。

用彩色膠帶裝飾養樂多瓶。

把氣球吹口處剪掉一段。

將氣球套在養樂多瓶的底部,並用彩
色膠帶將氣球固定於瓶身。一手拿養
樂多瓶(開口朝前),一手將氣球往
後拉並放開,就會發射出空氣彈喔!

二 遊戲體驗

遊戲一

老師先將小朋友分組,並點燃 5 根蠟
燭,看哪一組可以最快用空氣彈將 5
根蠟燭全部熄滅。

最快將 5 根蠟燭全部熄滅的組別獲
勝。

遊戲二

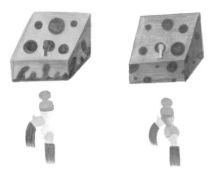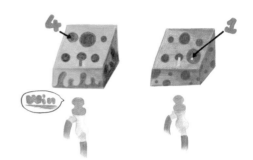

老師先將小朋友分組,並準備數顆如彈珠或保麗龍球、乒乓球,將球放在彈珠台凸出的起點架上。

彈珠台上的洞裁成不同大小,並依洞口大小決定分數,如:小洞4分,大洞1分,看哪一組用空氣彈將球彈到的分數較高,分數較高的組別獲勝。

三 溫馨叮嚀

1. 老師或家長在步驟實作方面要注意裁剪氣球時,不可一次剪太多,避免氣球過短,並由大人操作。
2. 在切除養樂多瓶底部時,可用美工刀輔助切除,並修剪整齊。
3. 在遊戲體驗方面,老師或家長可先示範空氣彈的玩法與如何控制力道,再讓孩子嘗試操作。
4. 進行第一個遊戲活動時,需注意蠟燭的準備,可選用底部較平的燭臺,以防止蠟燭掉落,並注意小朋友的安全。

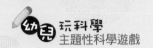

遊戲王國

PART 2

● 彩鹽魔法師、短跑比賽、炫花陀
螺、猴子玩單槓、創意建築物

　　本主題是利用摩擦力、水的表面張力、平衡而產生的
現象，讓小朋友的科學遊戲教具移動、染色、維持平衡
等。如果「彩鹽魔法師」、「短跑比賽」缺乏摩擦力，或
「炫花陀螺」缺乏摩擦力和水的表面張力，科學遊戲教具
將因此而無法移動或染色；而「猴子玩單槓」、「創意建
築物」也會因為掌握不到平衡點，而無法使其維持平衡或
建構。同時，我們也藉由遊戲的方式，將此科學原理與現
象自然而然地呈現出來，增加科學的趣味性，啟發小朋友
學習科學的興趣。

2-1　彩鹽魔法師

有一天，小精靈與小仙女在散步時，看到了一座白白的小山丘。

小精靈：「哇！這座山好美喔！可是怎麼會是白色的呢？」
小仙女：「因為這是一座鹽山啊！」

小精靈：「咦？旁邊這些罐子裡面裝的彩色粉末是什麼啊？」

小仙女：「罐子裡面裝的也是鹽，白色的鹽可以變成有顏色的鹽喔！」

小精靈：「哇！聽起來好好玩喔！妳可以教我做嗎？」

小仙女：「可以啊！小朋友～讓我們一起來動手幫小精靈製作彩鹽，當個『彩鹽
魔法師』吧！」

一 步驟實作

材料

鹽

小紙杯四個

彩色粉筆（藍、綠、黃、紅）

有蓋子的透明罐

作法

將少許鹽巴倒入紙杯。

將彩色粉筆放入紙杯與鹽一起攪拌。

將鹽染成各種顏色。

將各種顏色的鹽分別倒入透明玻璃
罐，倒滿後蓋上蓋子，就完成漂亮的
彩鹽罐喔！

二 遊戲體驗

遊戲一

老師發給小朋友數支彩色的粉筆，讓
每組小朋友依老師指令將鹽染出指定
的顏色。

最快染出老師指定顏色的組別獲勝。

遊戲二

老師先讓小朋友用彩色粉筆調出各種
不一樣顏色的彩色鹽巴,並利用泡棉
膠剪出各種形狀或圖案貼在紙上。

將泡棉膠的背膠撕下,撒上彩色鹽
巴,就能完成彩鹽畫。

三 溫馨叮嚀

1. 老師或家長在步驟實作方面要注意可先鋪一層報紙在桌上,並提醒小朋友
   不要打翻鹽巴。

2. 可用紅、黃、藍三種顏色調出更多的顏色,每次只需兩支粉筆與鹽進行攪
   拌,就可創造出一種新的顏色。

3. 可用紙做成漏斗,方便鹽倒入透明罐中,並可用少許棉花放在頂端或敲一
   下罐子,使鹽更加緊密。

4. 在遊戲體驗方面,老師或家長進行第二個遊戲活動時,可依小朋友的能力
   決定由老師或小朋友自己來剪泡棉的形狀,並提醒小朋友一次只能撕一個
   背膠並塗上彩色鹽巴,且按壓後必須將多餘的彩色鹽巴倒出,以免顏色混
   在一起。

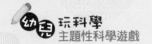

2-2 短跑比賽

有一天，小精靈與小仙女在圖書館看書，他們看到了十二生肖的故事。

小精靈：「妳知道十二生肖的由來嗎？」

小仙女：「知道啊！十二生肖的由來，是經過賽跑來決定順序的喔！」

小精靈：「哇！好特別喔！那蝴蝶呢？我想知道蝴蝶能飛多快？」

小仙女：「沒問題！我們可以來舉辦一場特別的比賽喔！」

小精靈：「哇！聽起來好好玩喔！妳可以教我做嗎？」

小仙女：「可以啊！小朋友～讓我們一起來動手幫小精靈製作『短跑比賽』吧！」

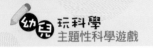

一 步驟實作

材料

剪刀

彩色筆

吸管

膠帶

毛線

筷子

圖畫紙

尺

作法

先在紙上畫出動物的圖案。

將動物的圖案塗上顏色後剪下。

將事先剪好的兩根約 3 公分長的吸管,用膠帶黏於動物圖案的背面,並黏成八字形狀。

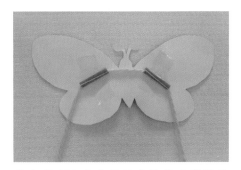

將大約 100 公分長的毛線依序穿過兩根八字形狀的吸管。

毛線的兩端分別綁在筷子的兩端,並用膠帶黏住。

將圖案調整到筷子的這一端,並且讓兩邊棉線長度一樣長。將毛線掛在門把上,兩手分別握住筷子的兩端,並一上一下的擺動,動物就會前進喔!

二 遊戲體驗

遊戲一

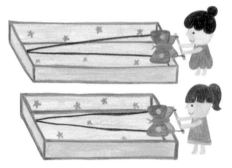 

老師先將小朋友分組,每組前方分別放置一個布置成花園的箱子,每組派出一位小朋友。

最快讓動物到達終點的組別獲勝。

遊戲二

老師先將小朋友分組,並在箱子中放數字表,由老師指定數字。

小朋友要將動物移動到老師指定到達的數字,最快的組別獲勝。

🔴 三 溫馨叮嚀

1. 老師或家長在步驟實作方面要注意圖稿材質不可太軟，而吸管長度需視圖案的大小來做調整，可在圖稿背面先畫上八字型記號，再黏貼吸管。

2. 若選用其他線材時，要確定圖稿能夠藉由線的摩擦而移動；筷子能以其他材質較堅硬的長棒替代。

3. 將毛線組合在筷子時，需注意筷子上的毛線間距要適中，以免毛線脫落或圖案不會移動。

4. 在遊戲體驗方面，老師或家長可依教學主題需求，將圖稿換成其他動物或昆蟲，並繪製不同的情境，也可設計成團體遊戲。

5. 活動進行中隨時注意毛線的堅韌程度，防止毛線斷裂。

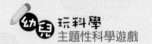
2-3　炫花陀螺

有一天，小精靈與小仙女在逛園遊會時，看到了陀螺比賽。

小精靈：「哇！陀螺好厲害喔！可以獨自在地上一直轉動。」
小仙女：「是啊！在我們日常生活中，也有其他東西跟陀螺一樣可以轉動喔！」

小精靈：「咦？真的嗎？有哪些東西呢？」

小仙女：「可以用乒乓球來製作像陀螺一樣轉動的物品喔！」

小精靈：「哇！聽起來好好玩喔！妳可以教我做嗎？」

小仙女：「可以啊！小朋友～讓我們一起來動手幫小精靈製作『炫花陀螺』
吧！」

● 步驟實作

材料

乒乓球

膠片

小的彩色圓形標籤

剪刀

美工刀

溼布

作法

先將乒乓球用美工刀及剪刀剪成半月形或花瓣形。

發給小朋友不同顏色的圓形標籤,讓小朋友黏貼在乒乓球內部,裝飾自己的陀螺。

用溼布擦整片的膠片,將裝飾好的乒
乓球片放上去。兩手拿膠片的兩側,
並前後或左右擺動,炫花陀螺就會不
停轉動喔!

二 遊戲體驗

遊戲一

老師先將小朋友分組,並蒐集每組小
朋友的炫花陀螺,一次一組派出一位
小朋友,每組小朋友需讓全部的炫花
陀螺轉動。

由老師計時,最後留在膠片上的炫花
陀螺數較多的組別獲勝。

遊戲二

老師先將小朋友分組，並事先在膠片上繪製迷宮分數板，每組一次派出一位組員，在迷宮上會有三個出口，分別為 1、2、3 分。

炫花陀螺走到幾分出口就得到幾分，最後分數較高的組別獲勝。

三 溫馨叮嚀

1. 老師或家長在步驟實作方面可事先將乒乓球剪好不同的形狀，裁切乒乓球時，可先用打火機燒一下美工刀的刀片後割第一刀，再用剪刀將乒乓球依序對半剪開；膠片可用墊板代替。

2. 剪開乒乓球的尖銳處時，要加以修剪整齊，並提醒小朋友注意乒乓球片的使用方式。

3. 在遊戲體驗方面，老師或家長要留意控制膠片上的水量，炫花陀螺才能轉動。

4. 進行第二個遊戲活動時，可依小朋友的能力來決定迷宮的難易度，以增加小朋友對遊戲的信心度。

2-4　猴子玩單槓

有一天，小精靈與小仙女到動物園玩，一進入園區就看到了猴子。

小精靈：「哇！猴子好厲害喔！牠只用一隻手盪在樹枝上而不會掉下來呢！」

小仙女：「猴子的平衡感很好，是個玩單槓的高手呢！」

小精靈：「好想看猴子玩單槓哦！」

小仙女：「在我們生活中也可以利用簡單的材料來看猴子玩單槓呀！」

小精靈：「哇！聽起來好好玩喔！妳可以教我做嗎？」

小仙女：「可以啊！小朋友～讓我們一起來動手幫小精靈製作『猴子玩單槓』吧！」

● 步驟實作

材料

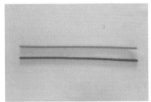

毛根兩根

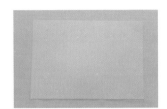

圖畫紙

毛線

彩色筆

剪刀

作法

先在紙上畫出猴子圖案，猴子的手和尾巴要能彎曲。

將猴子圖案塗上顏色後用剪刀剪下。

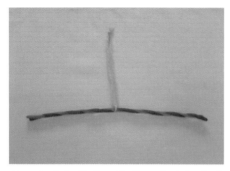

將兩根毛根捲成一條後，在毛根中間處綁上一段毛線。

將毛線掛在門把上並讓毛根保持平衡，將猴子掛在毛根的兩端就可以玩吊單槓囉！

二 遊戲體驗

遊戲一

老師先將小朋友分組並計時，看哪一組能在時間內掛上最多的猴子且保持平衡不會掉落。

掛最多猴子的組別獲勝。

遊戲二

老師先將小朋友分組，再發給每組小朋友一根毛根平衡棒。

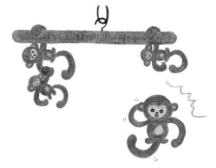

由老師出題目，一次只派一位小朋友最先完成指令而不會讓猴子掉落的組別獲勝。

三 溫馨叮嚀

1. 老師或家長在步驟實作方面要注意猴子的手和尾巴要能彎曲，勾住毛根。

2. 捲毛根時，需提醒小朋友注意毛根的使用方式與安全，以防孩子被毛根刺傷，並依孩子的能力來協助固定毛線。

3. 在遊戲體驗方面，老師或家長先示範玩法，並提醒小朋友要讓猴子保持平衡。

4. 進行遊戲活動時，可先固定好毛根位置，並讓小朋友輪流來掛圖案，避免遊戲過程中產生擁擠的狀況。

5. 進行第二個遊戲活動時，也可提供多種圖案，讓小朋友依指令來進行遊戲。

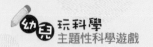

2-5　創意建築物

小精靈和小仙女到埃及旅遊。

小精靈：「哇！埃及的金字塔好大好壯觀喔！而且是三角形的形狀耶！」
小仙女：「對啊！這些金字塔都是古代的人動手建造而成喔！」

小精靈：「真是厲害！我也好想要自己建造一座金字塔喔！但是我不知道要用什麼東西來做？」

小仙女：「我可以教你啊！而且不只做成三角形，還可以做成各種形狀的建築物喔！」

小精靈：「哇！聽起來好好玩喔！妳可以教我做嗎？」

小仙女：「可以啊！小朋友～讓我們一起來動手幫小精靈製作『創意建築物』吧！」

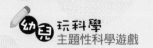
● 步驟實作

材料

輕土

牙籤

作法

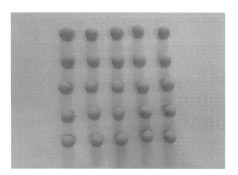

先將白色及有顏色的輕土混色後，搓成長條狀並分成大約 25 個等量的輕土，再將這些輕土搓成小圓形。

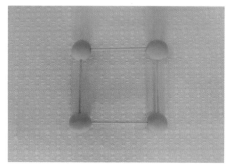

接著在牙籤的兩側尖端插入圓形輕土，並將牙籤組合成正方形的形狀。

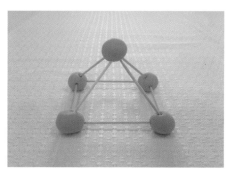

將組合成正方形的牙籤平放在桌上，並在正方形的四個小黏土上，分別組合成側面為三角形的三角錐。

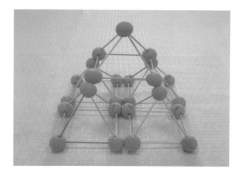

最後製作五個三角錐，其中四個放在底部，一個放在上面做結合，就能變成一個大金字塔喔！

⬛ 遊戲體驗

遊戲一

老師先將小朋友分組，並發給每組小朋友輕土、數根牙籤，讓小朋友發揮創意，自行創作各種不一樣的建築物。

最後創作出來的形狀最多的組別獲勝。

遊戲二

老師先將小朋友分組，並發給每組小朋友輕土、數根牙籤，讓每位小朋友先製作出一個正方體。

再由老師計時一分鐘，讓同組小朋友合力將數個小正方體組合成大正方體，最後可以疊出最多正方體的組別獲勝。

三 溫馨叮嚀

1. 老師或家長在步驟實作方面要注意需適時提醒小朋友注意牙籤尖端，避免受傷。

2. 牙籤與輕土組合時，輕土大小要適當，以免牙籤無法連接組合。

3. 在遊戲體驗方面，老師或家長在進行第二個遊戲活動時，可依小朋友的能力來決定難易度，適時做調整。

看誰跑得快

● 充氣郵輪、火箭向前衝、神氣小船
長、水上碰碰船、水車轉轉轉

　　本主題利用水與空氣的反作用力及水的流動而產生的動能,讓小朋友的科學遊戲教具往前移動。如果「充氣郵輪」、「火箭向前衝」的空氣與「神氣小船長」、「水上碰碰船」的水無法產生反作用力,或是「水車轉轉轉」缺乏水的流動而產生的動能,科學遊戲教具將因此欠缺動力而無法前進。同時,我們也藉由遊戲的方式,將此科學原理與現象自然而然地呈現出來,增加科學的趣味性,啟發小朋友學習科學的興趣。

3-1   充氣郵輪

有一天，小精靈想把糖果送給住在河邊的朋友們。

小仙女：「小精靈你怎麼還沒去送糖果呢？」
小精靈：「我一直找不到過河的路。」

小仙女：「我們可以製作一艘能夠漂在河面上的充氣郵輪啊！這樣就可以很快的將糖果送給你的朋友喔！」

小精靈：「哇！聽起來好棒喔！妳可以教我做嗎？」
小仙女：「可以啊！小朋友～讓我們一起來動手幫小精靈製作『充氣郵輪』吧！」

━ 步驟實作

材料

氣球

鋁箔包

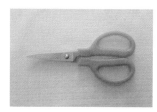

剪刀

打洞器

水盆（裝水）

作法

將長形的鋁箔包橫放並裁去上方
1/4。

接著在鋁箔包一邊寬的中間用打洞器
打一個小洞。

將氣球的吹口處從鋁箔包穿過小洞。

將氣球吹氣並把吹氣口捏緊後,放入水中。手放開氣球,郵輪就會前進喔!

二 遊戲體驗

遊戲一

老師先將小朋友分組,一次請一組小朋友在水池旁排成一排。

讓小朋友同時間一起鬆開吹氣口,充氣郵輪開最遠的組別獲勝。

遊戲二

老師事先在水池旁設置分數，接著讓
小朋友分組輪流放充氣郵輪。

最後分數可以累積最高的組別獲勝。

三 溫馨叮嚀

1. 步驟實作方面大人可先在鋁箔包外劃線較方便剪下（由大人剪開較安全）。

2. 在遊戲體驗方面，老師或家長可先讓小朋友練習吹氣球，對於不太會吹氣球的小朋友，也可準備打氣筒協助打氣，並提醒小朋友吹完氣後要捏緊氣球口，裡面的空氣才不會外漏。

3. 可以準備大型水池方便小朋友體驗遊戲，並事先在地上鋪設防水墊，防止水濺濕地板而發生危險。

3-2　火箭向前衝

有一天，小精靈和小仙女在看火箭升空的影片，小精靈：「哇！這個火箭好酷喔！」

小仙女：「對呀！而且火箭可以飛得很遠呢！」

小精靈：「我好想要有自己的火箭喔！」

小仙女：「我們可以自己製作火箭啊！」

小精靈：「要怎麼做呢？」
小仙女：「我們可以用氣球來做一艘火箭喔！」

小精靈：「哇！聽起來好好玩喔！妳可以教我做嗎？」
小仙女：「可以啊！小朋友～讓我們一起來動手幫小精靈製作『火箭向前衝』吧！」

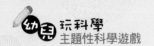

一 步驟實作

材料

長形氣球

毛線

粗吸管

夾子

椅子兩把

膠帶

打氣筒

作法

先將長形氣球用打氣筒充氣，並在氣球吹口的地方，用夾子夾住。

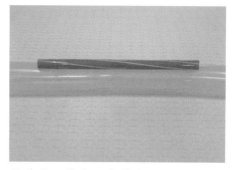

接著將吸管尖銳處剪掉約 2 公分，再用膠帶將吸管固定在長形氣球上。

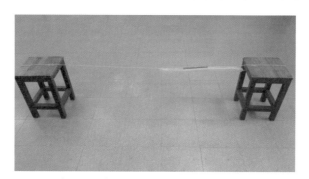

將毛線穿過吸管，並把毛線的兩端固定在椅子上。氣球開口處朝後並靠右放，放開夾子，氣球就會往前衝喔！

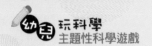
二 遊戲體驗

遊戲一

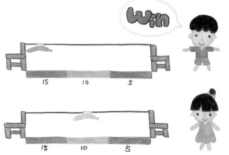

老師將小朋友分組進行比賽,首先在地上貼三條不同顏色的膠帶,分別代表 5 分、10 分、15 分。

分數兩旁各放一把椅子,把火箭固定在椅子上,看看每組的火箭能向前衝到幾分的位置,得到最高分數的組別獲勝。

遊戲二

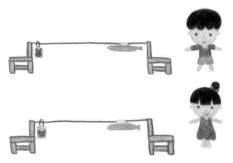

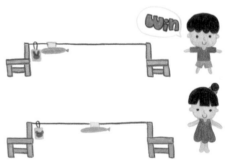

老師將小朋友分組進行比賽,在終點處放置不同的目標(如:娃娃、動物立牌)。

火箭向前衝後,能擊中目標的組別獲勝。

三 溫馨叮嚀

1. 老師或家長在步驟實作方面注意要使用粗吸管，以防毛線卡住。

2. 務必提醒小朋友在氣球吹完氣後，要馬上將氣球口夾緊，才不會讓氣球裡的空氣外漏。

3. 在遊戲體驗方面，老師或家長將吸管固定於氣球上時，需小心不要刺破氣球，可多準備氣球，以備不時之需。

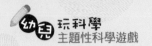

3-3 神氣小船長

有一天，小精靈參加的烤肉活動要結束了，小精靈準備把剩下的紙杯、盤子、吸管收拾丟掉時，小仙女說：「等一下啊！這些東西可以再次利用喔！」

小精靈：「要怎麼樣利用呢？」
小仙女：「我們可以用這些東西來做好玩的船啊！」

小精靈：「哇！那我一定要當船長！但我不知道怎麼讓船前進？」

小仙女：「船只要加水，就可以前進喔！」

小精靈：「哇！聽起來好好玩喔！妳可以教我做嗎？」

小仙女：「可以啊！小朋友～讓我們一起動手幫小精靈製作小船，當個『神氣小
　　　　船長』吧！」

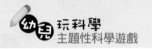
一 步驟實作

材料

紙杯兩個

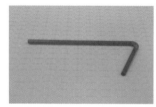

可彎式吸管

圓形塑膠盤兩個

釘書機

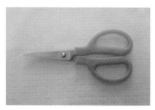

剪刀

保麗龍膠

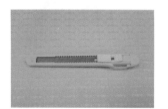

美工刀

水盆（裝水）

作法

先用美工刀在紙杯的底部中間處畫出十字，大小約吸管的口徑。

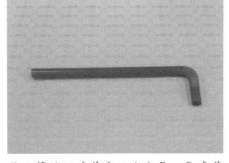

將吸管的短邊剪成 1 公分長，長邊剪成 10 公分長。

將短邊吸管由外而內穿過紙杯底部的小洞口，將紙杯邊緣與長邊吸管的對應處剪開，讓吸管平放在紙杯底部，並用保麗龍膠固定吸管，且將洞口封住。

將兩個圓形塑膠盤子面對面，並用釘書機釘在一起。

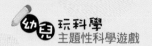

最後用保麗龍膠將紙杯固定在免洗塑膠盤上方。將船放進水盆中，用另一個紙杯盛水並倒入船的紙杯中，船就會前進喔！

二 遊戲體驗

遊戲一

老師將小朋友分組，每組派出一位小朋友，並把自己的船放在水池起跑線後方。接著給小朋友一個小的空杯子，每組後方放置裝水的水桶。

比賽開始後，小朋友就要拿手上的空杯子到後方水桶取水，並回到水池將水倒入紙杯裡，最快到達終點的組別得一分，最後積分最多的組別獲勝。

遊戲二

老師先將小朋友分組，並請每組先自行比賽看誰的船能走到最遠，船走最遠的小朋友，即為每組的代表。

接著讓每組的代表再兩兩一組比賽，選出最後的兩名代表，由這兩名代表再進行比賽，船前進最遠的代表獲勝。

三 溫馨叮嚀

1. 老師或家長在步驟實作方面要注意吸管要比盤子長，水才能順利排出。

2. 使用保麗龍膠時，需等候一點時間讓保麗龍膠乾，也可用熱溶膠，但要由大人操作。

3. 在遊戲體驗方面，老師或家長可事先提醒小朋友空水杯要裝多少水量，並適時提供練習機會，可事先在地上鋪設防水墊，以防水濺濕地板而發生危險。

4. 可以準備人型水池，讓小朋友的紙杯船能放置水池內玩遊戲，增加遊戲的趣味性。

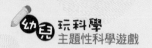

3-4 水上碰碰船

有一天，小精靈準備將鋁箔包丟掉，小仙女：「等一等！鋁箔包先不要丟掉喔！」

小精靈：「咦？那鋁箔包不丟掉，可以拿來做什麼呢？」
小仙女：「鋁箔包可以用來做一艘船啊！」

小精靈：「這艘船會前進嗎？」

小仙女：「用鋁箔包做出來的船，只要用手轉動船槳，就可以讓船在水面上前進喔！」

小精靈：「哇！聽起來好好玩喔！妳可以教我做嗎？」

小仙女：「可以啊！小朋友～讓我們一起來動手幫小精靈製作『水上碰碰船』吧！」

⬤ 步驟實作

材料

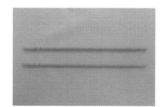

筷子

小條橡皮圈

鋁箔包

剪刀

打洞器

膠帶

水盆（裝水）

保麗龍膠

作法

將長形鋁箔包橫放並裁去上面 1/4
處。

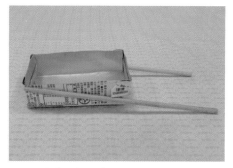

用保麗龍膠將筷子斜黏在鋁箔包兩
側。

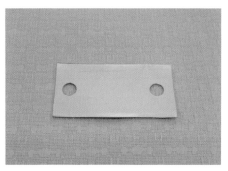

將鋁箔包切割下的部分剪出紙板，並
將紙板的兩側打洞，做為螺旋槳。

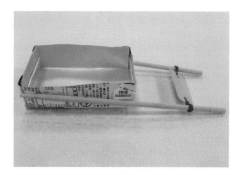

將橡皮筋穿過打好的洞並打結，再將
橡皮筋套進及套緊在船身兩側的筷
子。轉動螺旋槳數圈，並將船放入水
盆中，螺旋槳放開時，船就會前進
喔！

二 遊戲體驗

遊戲一

老師讓小朋友分組比賽，一次派出一位組員。

由老師發號施令，轉動船的螺旋槳數圈，並將船放入水盆中後，放開螺旋槳，船最快到達終點的組別獲勝。

遊戲二

老師讓小朋友以接力的方式進行比賽，並由老師計時。

在時間內看哪一組能讓最多船移到終點，數量較多的組別獲勝。

三 溫馨叮嚀

1. 老師或家長在步驟實作方面可先在鋁箔包劃線，較方便剪下，大人可先將鋁箔包剪開。

2. 筷子可先用砂紙磨平使用或用其他材質較堅硬的長棒代替，也可事先於盒上畫上記號，方便讓筷子相對稱且斜黏在盒上。

3. 在遊戲體驗方面，老師或家長可先讓小朋友練習旋轉螺旋槳，並注意轉動方向以免船向後前進；可準備大型水池，並在地上鋪設防水墊，以防濺濕地板而發生危險。

4. 遊戲過程中，需注意小朋友要將船輕放在水面上，不可將船浸入水裡。

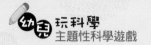

3-5 水車轉轉轉

有一天，小精靈與小仙女去看賽車比賽。

小精靈：「哇！當賽車手好厲害呀！可惜我還不會開車。」
小仙女：「在我們日常生活中也可以利用別的方法來讓車子前進喔！」

小精靈：「我好想試試看喔！」
小仙女：「只要利用一些簡單的材料就能做到喔！」

小精靈：「哇！聽起來好好玩喔！妳可以教我做嗎？」
小仙女：「可以啊！小朋友～讓我們一起來動手幫小精靈製作『水車轉轉轉』吧！」

一 步驟實作

材料

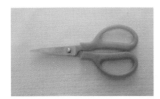

剪刀

毛線

吸管

玩具車

釘書機

西卡紙

飲料盒

寶特瓶

雙面膠

膠帶

打洞器

保麗龍膠

尺

作法

先用剪刀將飲料盒上方約 4 公分處裁切下來，將裁切出的飲料盒片修剪整齊後，摺出四個葉片。

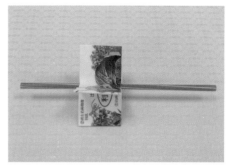

在吸管左側約 5 至 8 公分處都黏貼雙面膠，接著將葉片套入吸管雙面膠處，並用釘書機在靠近吸管處將葉片釘牢。

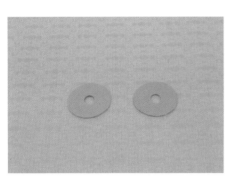

將西卡紙剪兩個約十元硬幣大小的圓形，並在中心打洞。

將一張圓形圖卡套入吸管右側 7 公分處，另一張套入 2 公分處，並用保麗龍膠固定，再用膠帶將毛線的一端固定在 5 公分處。

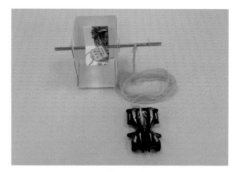

剩下的飲料盒裁掉其中一面，在飲料盒對稱的上方兩邊2至3公分處，分別往下剪3公分的對稱缺口。

將吸管放在對稱的缺口上，再將吸管上毛線的另一端黏在玩具車的車頭。一手拿著水車，並把車子車頭朝水車放在地上，另一手拿著裝水的寶特瓶，並朝水車葉片倒水，葉片轉動就會帶動車子前進喔！

二 遊戲體驗

遊戲一

老師先將小朋友分組，並事先在地上設置分數板，每組派出一位小朋友，給每位組員一瓶等水量的寶特瓶。

讓每組組員運用水來讓車子前進，最後車子停放的分數較高的組別獲勝。

遊戲二

老師先將小朋友分組，每組派出一位　　讓每組組員運用水來讓車子前進，最
小朋友，由老師指定終點的分數。　　　快完成老師指定的組別獲勝。

三 溫馨叮嚀

1. 老師或家長在步驟實作方面可事先裁切好飲料盒。
2. 放置吸管的缺口寬度需大於吸管，以方便讓吸管、葉片轉動。
3. 在遊戲體驗方面，老師或家長可先在地上設置防水墊或到戶外進行活動，
   並提供小朋友練習的機會。

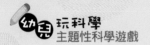

奇妙的動力

● 飛機起飛、走出迷宮、蝸牛路跑、
釣魚高手、動力小帆船

　　本主題是利用磁鐵同極相斥、異極相吸的原理及磁鐵能吸附金屬的特性，讓小朋友的科學遊戲教具移動。如果「飛機起飛」無法讓磁鐵之間產生同極相斥現象，或是「走出迷宮」無法讓磁鐵之間產生異極相吸現象，甚至是「蝸牛路跑」、「釣魚高手」、「動力小帆船」無法讓磁鐵靠近鐵製品產生相吸現象，將因此影響遊戲的效果。同時，我們也藉由遊戲的方式，將此科學原理與現象自然而然地呈現出來，增加科學的趣味性，啟發小朋友學習科學的興趣。

4-1　飛機起飛

有一天，小精靈與小仙女到機場要搭飛機去玩。

小精靈：「哇！飛機在天空中看起來好小，在跑道上看起來卻好大喔！」

小仙女：「對啊！而且飛機要飛起來之前，要先在跑道上加速，飛機才會起飛喔！」

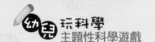

小精靈：「真的嗎？聽起來好酷喔！」

小仙女：「我們也可以來製作屬於自己的飛機與跑道喔！」

小精靈：「哇！聽起來好好玩喔！妳可以教我做嗎？」

小仙女：「可以啊！小朋友～讓我們一起來動手幫小精靈製作『飛機起飛』吧！」

一 步驟實作

材料

圖畫紙

彩色筆

磁鐵兩顆（圓形及長形）

魔鬼氈

跑道圖

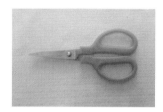

剪刀

作法

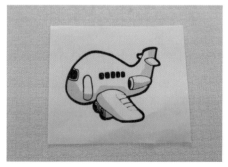

在圖畫紙上畫上飛機的圖案。

將飛機塗上顏色後剪下。

將魔鬼氈貼在飛機的背面及圖形磁鐵上。

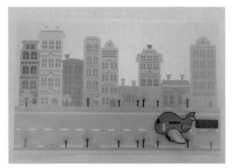

將飛機與磁鐵的魔鬼氈黏在一起，放在跑道圖上，手拿長形磁鐵放在飛機後面。利用磁鐵同極相斥的原理，將長形磁鐵往前移動，飛機就會前進喔！

● 遊戲體驗

遊戲一

老師先將小朋友分組，並在前方放置一張事先做好的大型跑道，小朋友需將飛機放在起跑線上。

運用磁鐵使飛機在跑道上前進，最快讓飛機抵達終點的組別獲勝。

遊戲二

將小朋友分組,並在前方放置一張事先做好的大型跑道,由老師出題目(例如:終點要有兩架飛機)。

最快完成老師指令的組別獲勝。

⊜ 溫馨叮嚀

1. 老師或家長在步驟實作方面要注意將圓形磁鐵與飛機背面的魔鬼氈能夠相互黏貼,磁鐵上的飛機圖也能更換。

2. 在製作跑道時,可讓小朋友自由創作彩繪跑道,也可統一製作大型飛機圖,以增加遊戲的趣味性。

3. 在遊戲體驗方面,老師或家長在進行遊戲活動前,要留意磁鐵必須相斥,才能使飛機前進。

4. 手拿的長形磁鐵可黏貼在紙板前端,方便小朋友拿取。

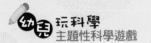

4-2 走出迷宮

有一天，小精靈與小仙女來到了動物王國。

小精靈：「國王看起來好像有煩惱耶！」
小仙女：「因為國王正在為勇士的選拔擔心呀！」

小精靈：「我們有什麼方法可以幫助國王呢？」

小仙女：「我們可以幫國王舉辦一場動物勇士要走出迷宮的比賽，這樣就可以幫國王解決問題了！」

小精靈：「哇！聽起來好好玩喔！妳可以教我做嗎？」

小仙女：「可以啊！小朋友～讓我們一起來動手幫小精靈製作『走出迷宮』吧！」

步驟實作

材料

圓形磁鐵兩個

圖畫紙

彩色筆

可彎式吸管（大約15
支）

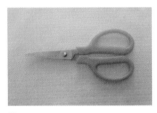

剪刀

紙盒

彩色影印紙

魔鬼氈

雙面膠

奇異筆

膠帶

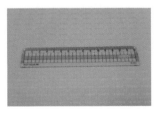

尺

作法

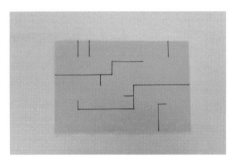

先將彩色影印紙裁成紙盒的大小，並畫上迷宮圖。

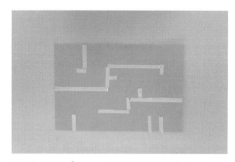

將雙面膠帶一一貼於迷宮的線條上。

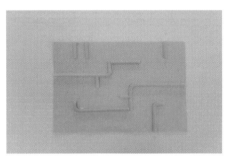

將可彎式吸管配合迷宮線條的長度剪下，並一一貼於迷宮的線條上，迷宮轉角處則利用吸管彎曲處製作。

在紙上畫出動物及終點圖案並上色。

將動物及終點圖案剪下後用膠帶護貝。

將動物圖案背面貼上磁鐵，終點圖案背面及迷宮終點處貼上魔鬼氈。

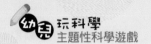

將迷宮圖放進紙盒中，並把動物及終
點圖案放好位置，磁鐵放在動物圖案
底下的紙盒外面。手拿紙盒下的磁鐵
移動，動物就會前進而走出迷宮回家
喔！

二 遊戲體驗

遊戲一

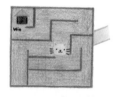

老師先將小朋友分組，並在各組前方
放置一份事先做好的迷宮盒，在迷宮
盒旁放置各種動物圖與動物的家。

小朋友需依照老師的指示，拿到對的
動物與配對的家，並用磁鐵使動物前
進，最快讓動物回家的組別獲勝。

遊戲二

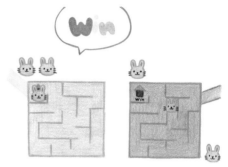

老師先將小朋友分組,並在各組前方放置一份事先做好的迷宮盒,由老師出題目(例如:要讓三隻兔子回家)。

小朋友需運用磁鐵使動物前進,最快達成老師指令的組別獲勝。

三 溫馨叮嚀

1. 老師或家長在步驟實作方面要注意製作迷宮圖時,可視幼兒狀況適時做引導。
2. 迷宮圖的動物及終點圖案可替換。
3. 在遊戲體驗方面,老師或家長要留意磁鐵的正負極,必須與動物的磁鐵相吸,才能使動物前進,並示範給小朋友看,且給予練習機會。
4. 進行遊戲活動時,可依小朋友的能力而決定迷宮的難易度,也可變換各種不同的動物,以增加遊戲的趣味性。

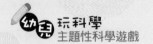

4-3　蝸牛路跑

有一天，小精靈與小仙女在路上看見蝸牛。

小精靈：「咦？蝸牛怎麼走這麼慢呢？」

小仙女：「因為蝸牛是用爬的，而且還背著殼，所以才會走這麼慢啊！」

小精靈：「真想幫助蝸牛，讓牠爬得更快。」
小仙女：「我們可以用磁鐵與迴紋針，讓蝸牛移動得像跑步一樣快喔！」

小精靈：「哇！聽起來好好玩喔！妳可以教我做嗎？」
小仙女：「可以啊！小朋友～讓我們一起來動手幫小精靈製作『蝸牛路跑』吧！」

● 一 步驟實作

材料

圖畫紙

路線圖紙板

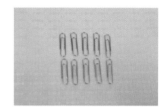

迴紋針

剪刀

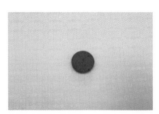

圓形磁鐵

彩色筆

作法

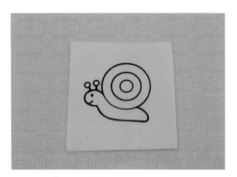

在紙上畫出蝸牛。

將蝸牛塗上顏色後剪下。

將迴紋針別在蝸牛上。

將蝸牛放在路線圖紙板上,磁鐵放在
路線圖及蝸牛下方。將磁鐵往前移
動,蝸牛就會前進喔!

二 遊戲體驗

遊戲一

老師將小朋友分組,每組派出一位小
朋友,並發一份路線圖紙板,讓小朋
友把蝸牛放在起跑線上。

老師發號施令後,小朋友運用磁鐵的
磁力讓蝸牛前進,最先讓蝸牛抵達終
點的組別獲勝。

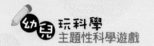

遊戲二

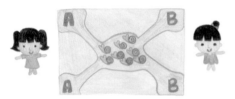

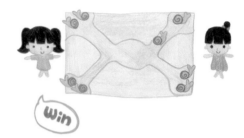

老師另外再製作一張紙板，紙板上有蝸牛區及小朋友的組別區，區域可成放射狀，並將小朋友們製作的蝸牛收集起來，放置於紙板中央的蝸牛區。

由小朋友分組比賽將蝸牛運送到自己的組別區內，最後獲得較多蝸牛的組別獲勝。

 溫馨叮嚀

1. 老師或家長在步驟實作方面要注意黏貼迴紋針時，可依需求適時調整數量，以增加磁鐵與迴紋針的吸附力。

2. 路線圖厚度不宜太厚，以免影響磁力；也可利用數個長尾夾夾在路線圖底部，將路線圖直立起來。

3. 在遊戲體驗方面，老師或家長可先提供孩子練習機會，以增加孩子遊戲的信心度，也可視孩子年齡，連接多片厚紙板，增加賽道的長度與難易度。

4-4　釣魚高手

有一天，小精靈撿到了磁鐵和迴紋針。

小精靈：「磁鐵跟迴紋針可以做什麼呢？」

小仙女：「磁鐵可以吸住迴紋針喔！」

小精靈：「那妳可不可以教我利用磁鐵跟迴紋針來玩遊戲呢？」

小仙女：「可以啊！我教你製作釣竿和魚，這樣就可以玩釣魚遊戲喔！」

小精靈：「哇！聽起來好好玩喔！妳可以教我做嗎？」

小仙女：「可以啊！小朋友～讓我們一起來動手幫小精靈製作釣魚遊戲，當個
『釣魚高手』吧！」

● 步驟實作

材料

圖畫紙

筷子

毛線

磁鐵（中間有洞）

迴紋針

剪刀

彩色筆

作法

在紙上畫出不同的海底動物圖，塗上顏色後用剪刀剪下。

將塗上顏色的海底動物圖一一別上迴紋針。

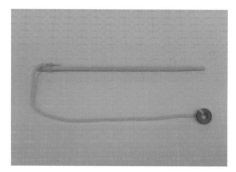

將毛線的一端綁在筷子上，而另一端綁在磁鐵上。手拿著筷子就可以用磁鐵釣魚喔！

二 遊戲體驗

遊戲一

老師先將海底動物圖卡集合在同一處，並將小朋友分組。

釣起最多海底動物的組別獲勝。

遊戲二

老師將海底動物圖卡分散在桌面上，並將小朋友分組。

由老師出題目，每組派出的釣魚手要聽從老師指令，最快完成指令的組別獲勝。

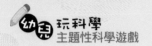
三 溫馨叮嚀

1. 老師或家長在步驟實作方面要視小朋友的年齡，考慮是否先在紙張上繪製線稿讓小朋友著色。

2. 磁鐵建議使用跳棋式磁鐵或是中間有洞的磁鐵，方便毛線的固定。

3. 在遊戲體驗方面，老師或家長可事先提醒小朋友釣魚竿的使用方法，並適時調整線的長度，長度較短者，較容易完成指令。

4-5　動力小帆船

有一天，小精靈與小仙女一起看以前去海邊玩的照片。

小精靈：「哇！照片中有座漂亮的島，好想去那邊玩喔！」

小仙女：「可以啊！」

小精靈：「可是我們沒有交通工具，該怎麼辦呢？」

小仙女：「我們可以一起製作一艘帆船，這樣下次就可以到島上遊玩了。」

小精靈：「哇！聽起來好好玩喔！妳可以教我做嗎？」

小仙女：「可以啊！小朋友～讓我們一起來動手幫小精靈製作『動力小帆船』吧！」

一 步驟實作

材料

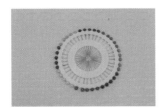

珠針

水盆（裝水）

磁鐵

色紙

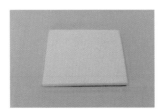

保麗龍板

美工刀

保麗龍膠

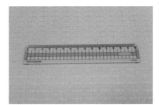

尺

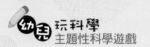
作法

先將保麗龍板及色紙裁成長 3 公分寬
2.5 公分的大小。

接著在色紙寬 2.5 公分的兩側中間處
往內約 0.4 公分處用珠針各刺一個
洞。

再將珠針穿過色紙的兩個洞,將色紙
做成風帆,並在珠針上塗上白膠插入
保麗龍中間,深度約 1 公分。將小帆
船放進水盆中,拿磁鐵靠近小帆船,
小帆船就會跟著磁鐵移動喔!

二 遊戲體驗

遊戲一

老師先將小朋友分組,在水盆上分別放置小帆船。

讓每組小朋友同時間運用磁鐵讓小帆船前進,最快抵達終點的組別獲勝。

遊戲二

老師先將小朋友分組,並事先製作數艘小帆船,並將小帆船放置在大水盆的中央。

讓每組小朋友同時間一起運用磁鐵讓小帆船移動,最快讓所有小帆船跟著磁鐵移動的組別獲勝。

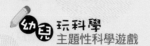

三 溫馨叮嚀

1. 老師或家長在步驟實作方面要注意在裁切保麗龍板時，需視孩子的年齡適時給予協助，可由老師或家長事先在保麗龍板上畫線再割下。

2. 將珠針與色紙、保麗龍組合時，需事先提醒小朋友使用的正確方式，並由老師或家長協助組合。

3. 在遊戲體驗方面，老師或家長要進行遊戲活動前，事先在地上鋪上防濕墊，以防濺濕地板而發生危險。

4. 可依小朋友的能力調整遊戲難易度，事先說明並示範磁鐵的使用方式，給予小朋友適當的練習機會，以增強對遊戲的信心度。

PART 5 神奇魔術秀

● 數字變變變、魔術開花、圖畫的祕
  密、顏色變變變、飛進籠中的鳥

　　本主題是利用水的折射、滲透性、排水性及光的特
性、視覺暫留產生的現象，讓小朋友一面動手玩科學遊
戲，一面對這些現象感到不可思議而產生好奇心。「數字
變變變」是表現水的折射，「魔術開花」是表現水的滲透
性，「圖畫的祕密」是表現排水性，而「顏色變變變」是
表現光的特性，「飛進籠中的鳥」是表現視覺暫留現象。
同時，我們也藉由遊戲的方式，將此科學原理與現象自然
而然地呈現出來，增加科學的趣味性，啟發小朋友學習科
學的興趣。

5-1　數字變變變

有一天，小精靈與小仙女觀賞魔術師的表演。

小精靈：「哇！魔術師好厲害喔！可以變出各種不一樣的魔術耶！」
小仙女：「對啊！你知道在我們的生活中，也可以自己變魔術喔！」

小精靈：「真的嗎？我希望可以變出不同的數字。」
小仙女：「沒問題喔！」

小精靈：「哇！聽起來好好玩喔！妳可以教我做嗎？」
小仙女：「可以啊！小朋友～讓我們一起來動手幫小精靈製作『數字變變變』吧！」

⚊ 步驟實作

材料

夾鏈袋

圖畫紙

奇異筆

剪刀

水桶（裝水）

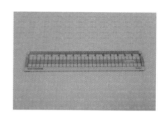

尺

作法

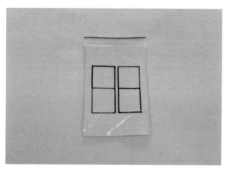

先用剪刀或美工刀將圖畫紙裁成夾鏈
袋的大小，並在圖畫紙上寫下數字□□
，再將圖畫紙放入夾鏈袋中。

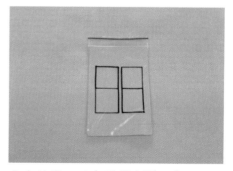

在夾鏈袋上用奇異筆在□□上寫出一組
十位數的數字，且需依照電子數字的
格式來撰寫。

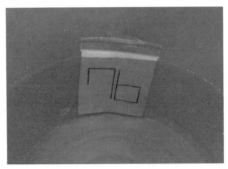

將寫好的夾鏈袋放入裝好水的水盆
中。由上往下看,就能看到夾鏈袋所
寫的數字喔!

二 遊戲體驗

遊戲一

老師先在夾鏈袋上寫下一組數字,接
著將小朋友分組。

老師將夾鏈袋放入水中,最先猜出答
案的組別即為獲勝。

遊戲二

老師將小朋友分組，把□□改成植物圖案且放入夾鏈袋中，但這次只能在其中一個植物的夾鏈袋上畫上重疊的圖案。

接著請每組派一位小朋友來猜拳，猜贏的小朋友可以先選一張題目，等全部組別都選好題目後，再統一讓每組將題目放入水中，拿到有圖案且正確說出題目的組別獲勝。

三 溫馨叮嚀

1. 老師或家長在步驟實作方面要注意數字線條必須覆蓋在□□上面，可由老師事先在紙張上畫虛線讓小朋友描繪，或製作數字大海報讓小朋友參考書寫。

2. 書寫於圖畫紙及夾鏈袋上的奇異筆需顏色一致。

3. 圖畫紙的大小要剛好能裝進夾鏈袋，避免尺寸太小產生移動而影響效果。

4. 在遊戲體驗方面，老師或家長可先讓小朋友練習數字 0 至 9 的電子數字格式。

5. 進行活動時，也能在地上鋪設防水墊，以防濺濕地板而發生危險。

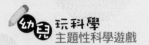

5-2　魔術開花

有一天，小精靈與小仙女一起在河邊畫畫，小精靈的畫紙被風吹到河面就慢慢濕掉了。

小精靈：「紙碰到水為什麼沒有馬上濕掉呢？」
小仙女：「因為紙有纖維，才會慢慢吸附水濕掉啊！而且每一種紙的纖維不同，吸附水的速度也不同喔！」

小精靈：「原來紙遇到水會這麼神奇呀！」

小仙女：「我們還可以用水和紙來玩遊戲喔！」

小精靈：「哇！聽起來好好玩喔！妳可以教我做嗎？」

小仙女：「可以啊！小朋友～讓我們一起來動手幫小精靈製作『魔術開花』吧！」

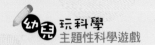
⚫ 步驟實作

材料

彩色影印紙

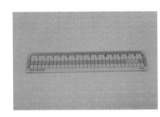

尺

鉛筆

剪刀

圓規

水盆（裝水）

作法

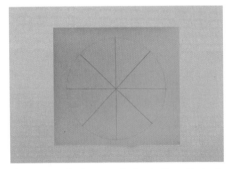

先在紙上畫半徑 5 公分的圓，並分為
八等分。

在圓內畫半徑 2.5 公分的小圓，將大
圓剪下並將圓內的等分線一一剪開到
小圓處。

剪好後，將剪好的紙依序往圓心內摺，共有八個花瓣。將花放進水盆中，就會開花喔！

二 遊戲體驗

遊戲一

老師先在花瓣上畫各種不同的圖案，再將小朋友分組，接著發給每組一張花瓣題目。

由老師發號施令後，每組才能將花瓣放進水裡，最快看到答案並舉手說出答案的組別獲勝。

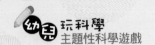

遊戲二

老師先將小朋友分組,接著發給每組
三張花瓣。

請每組分別在三張花瓣畫上圖案,並
往內摺好,老師再讓小朋友分組比
賽,最先看出對方答案的組別獲勝。

三 溫馨叮嚀

1. 老師或家長在步驟實作方面要注意紙張不宜太厚,花瓣依序往內摺,遊戲
   效果會較好。
2. 可試試其他不同材質的紙張,看看其開花效果如何。
3. 在遊戲體驗方面,老師或家長可事先在地上鋪設防水墊,以防濺濕地板而
   發生危險。
4. 進行第二個遊戲活動時,可由老師設定每組繪畫圖案主題,以增加遊戲趣
   味性。

5-3 圖畫的祕密

有一天，小仙女遇到悶悶不樂的小精靈，小仙女：「你怎麼了？」

小精靈：「我想畫圖給我的好朋友，但是圖的內容又不想讓別人看見，該怎麼辦呢？」

小仙女：「你可以畫一幅特別的圖畫啊！」

小精靈：「要怎麼做呢？」

小仙女：「只要一些簡單的材料就可以製作喔！」

小精靈：「哇！聽起來好好玩喔！妳可以教我做嗎？」

小仙女：「可以啊！小朋友～讓我們一起來動手幫小精靈製作『圖畫的祕密』吧！」

一 步驟實作

材料

白色蠟筆

水彩

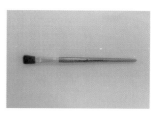

水彩筆

圖畫紙

小碟子（裝水）

作法

在紙上用白色蠟筆畫畫。

將水彩筆沾水彩並塗在紙上。

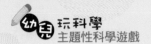
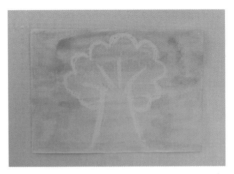

將紙上塗上大片水彩，就顯現出原本
用白色蠟筆畫的圖案喔！

➁ 遊戲體驗

遊戲一

老師事先用白色蠟筆在白紙上畫畫，
且多畫幾張，再將小朋友分組，一次
派出一位小朋友。

讓小朋友自己用水彩在白紙上塗顏
色，最快猜出正確答案的組別獲勝。

遊戲二

老師將小朋友分隊，發給每隊一張白色圖畫紙並讓小朋友畫畫。

請不同隊伍的小朋友互相猜拳，贏的小朋友可以用水彩在壁報紙上塗顏色，最先讓對方的畫浮現出來的組別獲勝。

三 溫馨叮嚀

1. 老師或家長在步驟實作方面要注意紙張必須是白色的，並提醒小朋友記得自己畫過的地方。

2. 在塗水彩時，需提醒小朋友水彩要塗在有用白色蠟筆畫的地方，或大面積塗上水彩，才能完整讓圖案浮現。

3. 在遊戲體驗方面，老師或家長可先示範與提醒小朋友塗水彩的技巧，顏料色彩建議選用淺色系較為明顯。

4. 進行第二個遊戲活動時，可由老師設定每組的繪畫主題，並設定贏的組員能在紙上畫幾筆，以增加遊戲的趣味性。

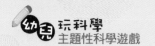

5-4　顏色變變變

有一天，小仙女和小精靈在公園玩，卻突然下起雨。

小精靈：「聽說彩虹都出現在下雨之後喔！」

小仙女：「對呀！下雨後，如果出現太陽，有光的折射就能看到彩虹喔！」

小精靈：「沒想到光的折射這麼有趣！」

小仙女：「除了彩虹之外，我們還能利用光和色彩的原理來玩變色遊戲喔！」

小精靈：「哇！聽起來好好玩喔！妳可以教我做嗎？」

小仙女：「可以啊！小朋友～讓我們一起來動手幫小精靈製作『顏色變變變』吧！」

● 步驟實作

材料

圖畫紙

竹籤

彩色筆

保麗龍膠

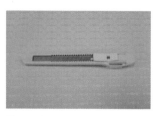

美工刀

剪刀

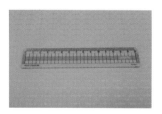

尺

圓規

作法

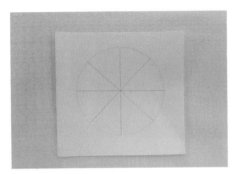

在紙上畫一個半徑 5 公分的圓,並分成八等分。

在圓形塗上顏色,顏色以三原色為主,每個圓形圖畫紙要有兩個顏色交錯,並將圓形剪下。

接著在圓心點用美工刀劃上十字,十字要比竹籤小一點,並將 1/3 竹籤插進十字中,用保麗龍膠將竹籤與紙固定。保麗龍膠乾後,用拇指和食指握住竹籤並用力轉動,就會看到漂亮的顏色喔!

● 二 遊戲體驗

遊戲一

老師先將小朋友分組，一次一組推派一位組員出列轉動自己的「顏色變變變」，最先讓自己的陀螺轉動並看出顏色的組員，就可以抽取老師事先準備好的色卡一張。

最快蒐集到三張不同顏色的色卡組別，即為獲勝。

遊戲二

老師先將小朋友分組，並事先畫幾個用三原色組合成不同顏色的顏色變變變。

老師指定需轉出的顏色，每組派出一位小朋友選擇「顏色變變變」並轉出老師指定的顏色，最快轉出指定顏色的組別獲勝。

◉ 溫馨叮嚀

1. 老師或家長在步驟實作方面注意在塗色時，需適時提醒小朋友將顏色分別塗在紙上的八等分框線中。

2. 使用竹籤時，要提醒竹籤的使用方式，並適時給予協助；在等保麗龍膠乾的時間時，可介紹彩虹的圖片及三原色能組合成的顏色。

3. 在遊戲體驗方面，老師或家長要先示範與提醒小朋友轉動顏色變變變的技巧；進行遊戲活動時，需適時調整遊戲的難易度（例如：增加不同顏色的陀螺或色卡），以增加遊戲的趣味性。

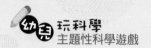

5-5　飛進籠中的鳥

有一天，小精靈與小仙女到森林玩，看到地上有一隻小鳥。

小精靈：「是一隻腳受傷的小鳥耶！」
小仙女：「好可憐喔！」

小精靈：「我想要把牠帶回家照顧，但是不知道要怎麼做鳥籠？」
小仙女：「很簡單喔！而且這個籠子還可以放你想要養的動物呢！」

小精靈：「哇！聽起來好好玩喔！妳可以教我做嗎？」
小仙女：「可以啊！小朋友～讓我們一起來動手幫小精靈製作『飛進籠中的鳥』吧！」

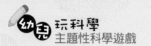
● 步驟實作

材料

圖畫紙

彩色筆

小橡皮筋兩條

打洞器

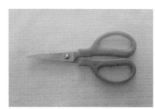

剪刀

膠帶

白膠

圓規

作法

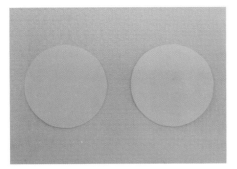

將紙剪出兩個直徑 10 公分的圓形。

在一個圖中畫上小鳥。

在另一圖中畫上籠子。

將兩個圓一正一反用白膠黏在一起。

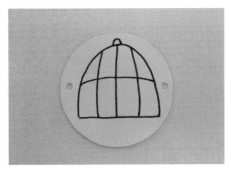

將圓的左右兩側用膠帶貼住,並用打洞器打洞。

將橡皮筋分別穿入小洞並打結。用兩手的拇指和食指握住兩側的橡皮筋並轉動,小鳥就會飛進籠中喔!

一 遊戲體驗

遊戲一

老師先將小朋友分組,接著老師將事先做好有動物及籠子的圓形紙片轉動,採取記分方式讓小朋友猜是什麼動物,最先看到答案的組別,要舉手並說出看到的答案。

答對者就可以得分,最後計算每組的分數,最多分數的組別獲勝。

遊戲二

老師先將小朋友分組,並發給每組小朋友數張老師事先製作好的空白紙,接著由老師計時。

讓每組幼兒發揮創意,畫出不同的東西,最有創意且操作後效果最好的組別獲勝。

 **溫馨叮嚀**

1. 老師或家長在步驟實作方面要注意紙張不可太大，以免無法轉動；橡皮筋位置可在左右或上下兩側。

2. 在繪製兩面圖案時，需注意圖案相對應的位置。

3. 在遊戲體驗方面老師或家長可事先示範橡皮筋轉動的方式，並提醒小朋友需朝同一方向轉動。

4. 進行第一個遊戲活動時，可依小朋友的能力來決定題目的難易度。

5. 進行第二個遊戲活動時，除了可讓小朋友自行發揮創意，也可由老師設定一個大主題，讓小朋友比賽哪隊畫出的類型較多，依教學者、小朋友的需求來做調整。

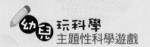

PART 6

幼兒運動會

● 抓寶大賽、吸力大戰、吹吹樂、
天才小捕手、投射比賽

　　本主題是配合環保概念，蒐集生活中常見的回收物品，讓小朋友動手玩的科學遊戲。「抓寶大賽」是表現水的浮力，「吸力大戰」是表現空氣的體積，「吹吹樂」則是表現空氣的壓力，而「天才小捕手」、「投射比賽」是表現慣性及運動定律。同時，我們也藉由遊戲的方式，將此科學原理與現象自然而然地呈現出來，增加科學的趣味性，啟發小朋友學習科學的興趣。

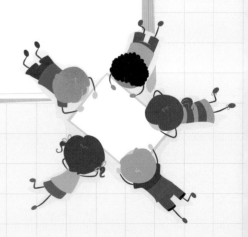

6-1　抓寶大賽

有一天，小精靈悶悶不樂地坐在大樹下，小仙女：「你看起來心情不太好，發生什麼事情了嗎？」

小精靈：「我忘記帶水壺來，所以現在好渴喔！」
小仙女：「這樣呀！剛好我有一瓶礦泉水，就送給你好了，趕快打開喝吧！」

小精靈：「謝謝妳，我現在就要打開了，哇！這是什麼呀？」
小仙女：「現在流行抓寶遊戲，我把抓到的寶都收進瓶子裡了，希望你不要介意我的小小惡作劇呀！」

小精靈：「哇！這個好好玩喔！妳可以教我做嗎？」
小仙女：「可以啊！小朋友～讓我們一起來動手幫小精靈製作『抓寶大賽』吧！」

步驟實作

材料

剪刀

圖畫紙

彩色筆

吸管

保麗龍

寶特瓶

膠帶

保麗龍膠

作法

在紙上畫出圖案。

將圖案塗上顏色後剪下，並用膠帶護貝。

把保麗龍裁切成長寬各 1.5 公分的大小，接著將吸管塗上保麗龍膠後，插在保麗龍中間。

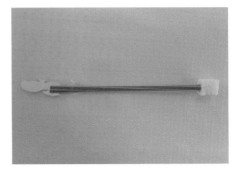

再把畫好的圖案用膠帶黏在吸管的另一端。

在寶特瓶內裝約七分滿的水，將圖案在上面的吸管壓入水中，並蓋上蓋子。打開蓋子，圖案就會跳出來喔！

二 遊戲體驗

遊戲一

老師將小朋友分組,並把先做好的圖案吸管放入寶特瓶內。

小朋友打開瓶子看到圖案後要趕快舉手說出答案,最快說出答案的組別獲勝。

遊戲二

老師將小朋友分組,並放置三個有不同圖案的寶特瓶,每組派一位小朋友出來,由老師指定圖案。

小朋友選擇其中一個寶特瓶並打開,打開後,如果是老師指定的圖案,即為過關並換下一個小朋友,最快輪完組員的組別獲勝。

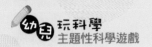

三 溫馨叮嚀

1. 老師或家長在步驟實作方面要注意圖案及保麗龍塊的大小，不可大於塑膠瓶口，建議使用寬口徑的瓶子。

2. 圖案要進行護貝，吸管插入時不可刺穿保麗龍塊。

3. 在遊戲體驗方面，老師或家長可選用不透明之塑膠瓶，讓小朋友不易以肉眼辨視圖案，來增加遊戲的趣味性。

6-2　吸力大戰

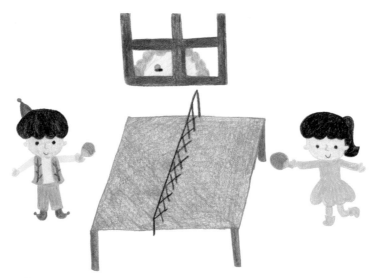

有一天，小精靈和小仙女不小心將乒乓球打到戶外的水池中。

小精靈：「哇！我們的乒乓球浮在池塘的水面上呢！」
小仙女：「對呀！這是因為乒乓球裡面充滿空氣，所以可以浮在水面上喔！」

小精靈：「乒乓球除了可以打桌球外，還可以玩水的遊戲嗎？」

小仙女：「只要利用一點簡單的材料就可以呀！」

小精靈：「哇！聽起來好好玩喔！妳可以教我做嗎？」

小仙女：「可以啊！小朋友～讓我們一起來動手幫小精靈製作『吸力大戰』吧！」

● 步驟實作

材料

寶特瓶

乒乓球

養樂多吸管

水盆（裝水）

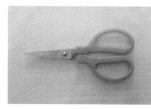

剪刀

奇異筆

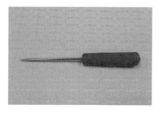

錐子

保麗龍膠

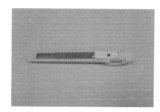

美工刀

作法

在寶特瓶靠近底部約 1/3 處用奇異筆畫線，並用美工刀在畫線處割一小洞，接著用剪刀沿著畫線處將寶特瓶底部平整地切除。

用錐子在寶特瓶的瓶蓋中間穿一個約養樂多吸管大小的洞。

將 1/3 的吸管穿進瓶蓋中後，用保麗龍膠將洞口封住，並將瓶蓋鎖在寶特瓶上。

把乒乓球放在水盆中，並把寶特瓶底部對著乒乓球壓下。嘴巴含著吸管吸氣，乒乓球就會升高喔！

二 遊戲體驗

遊戲一

老師先將小朋友分組，並在寶特瓶上畫線標示 1 至 5 的分數，每組派出一位小朋友完成老師的指令。

老師要乒乓球到數字 3，小朋友就要吸到數字 3 的位置，最先完成老師指令的組別獲勝。

遊戲二

老師先將小朋友分組，並由老師計時。

能將乒乓球停留在某一分數上且保持最長的時間而不掉落的組別獲勝。

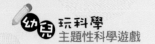

三 溫馨叮嚀

1. 瓶蓋上的洞口大小讓吸管可穿過即可，且吸管穿進瓶蓋的深度不可碰到寶特瓶裡的水。

2. 在遊戲體驗方面，老師或家長可先讓小朋友練習吸的技巧，並提醒和留意寶特瓶內的吸管長度位置，避免讓小朋友喝到生水。

3. 水盆的大小、高度，需視寶特瓶的大小做調整，避免水盆太高而影響孩子遊戲過程的觀察，也可在地上鋪防水墊子，以免濺濕地板而滑倒。

6-3　吹吹樂

有一天，小精靈和小仙女約好一起去坐船，小精靈：「我們今天為什麼要來坐船呢？」

小仙女：「我們今天要去看鯨魚喔！」
小精靈：「哇！我好期待喔！」

小精靈：「真希望現在就能看到鯨魚噴水呢！」
小仙女：「沒關係，就算今天我們看不到鯨魚噴水，回去之後，我可以教你做鯨魚噴水喔！」

小精靈：「哇！聽起來好好玩喔！妳可以教我做嗎？」
小仙女：「可以啊！小朋友～讓我們一起來動手幫小精靈製作『吹吹樂』吧！」

一 步驟實作

材料

飲料杯及蓋子一組

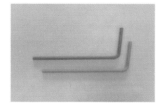

可彎式吸管兩根

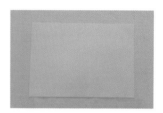

圖畫紙

剪刀

彩色筆

保麗龍膠

寬膠帶

美工刀

尺

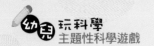

作法

先用美工刀在杯蓋的兩側劃上小十
字，十字要跟吸管口徑差不多大小。

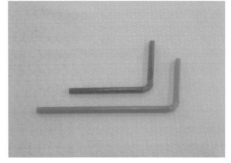

分別將兩根吸管長端底部剪掉約 2 公
分及 8 公分。

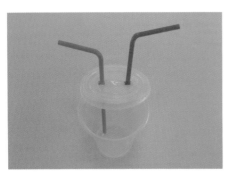

將剪好的吸管分別插入杯蓋上的兩個
小十字，較長的吸管靠近杯底，較短
的吸管靠近杯蓋，吸管分別向外彎
曲，並在吸管與杯蓋接縫處及杯蓋中
間的洞，用保麗龍膠封住。

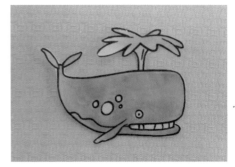

在紙上畫鯨魚的圖案，塗上顏色後剪
下。

將塗好顏色的鯨魚圖案用寬膠帶黏在杯身。將杯中裝水，水高度不可碰到短吸管，蓋上杯蓋，嘴巴含著短吸管吹氣，長吸管就會噴出水喔！

❚ 遊戲體驗

遊戲一

老師將小朋友分組，並在地上黏上一條起點線，每組派一位小朋友拿著自己的「吹吹樂」站在起點線後方。

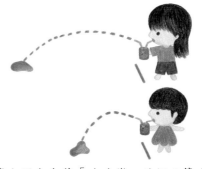

讓小朋友含著「吹吹樂」的短吸管吹氣，鯨魚噴水最遠的組別獲勝。

遊戲二

老師先準備透明杯子數個,且在杯子底部約一公分處上貼上色線,接著將小朋友分組,並將透明杯子放置在每組前面。

每組派一位小朋友吹著自己的「吹吹樂」,把水射進去透明塑膠杯,水量最快達到色線的組別獲勝。

三 溫馨叮嚀

1. 老師或家長在步驟實作方面要注意修剪吸管的長度,需視吸管的長度和透明杯子的高度來決定,可事先在吸管上畫好黑線,並沿著黑線剪下。
2. 將吸管固定於杯蓋時,保麗龍膠不宜塗抹太多,只要吸管不滑動即可;可用膠帶將鯨魚圖案封住,以防遇到水掉色。
3. 在遊戲體驗方面,老師或家長可選擇戶外場地進行活動。
4. 進行第二個遊戲活動時,可視小朋友的能力來調整距離,以增加遊戲樂趣。

6-4　天才小捕手

有一天，小精靈與小仙女參加童玩的闖關遊戲，看到一個特別的接球遊戲。

小精靈：「這是什麼呀？看起來好像很好玩呢！」

小仙女：「這個是日月球喔！它是運用手腕的力量來操控球，要將球拋出去後再接住球。」

小精靈：「哇！這個遊戲看起來很有挑戰呢！如果我能接住球就太厲害了！」
小仙女：「其實我們只要利用一些簡單的材料也可以製作喔！」

小精靈：「哇！聽起來好好玩喔！妳可以教我做嗎？」
小仙女：「可以啊！小朋友～讓我們一起來動手幫小精靈製作『天才小捕手』吧！」

● 步驟實作

材料

紙杯

筷子

毛線

保麗龍球

膠帶

剪刀

保麗龍膠

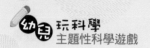

作法

在紙杯底部剪兩個對稱的缺口，將筷子平放在缺口上，用保麗龍膠及膠帶固定在杯底。

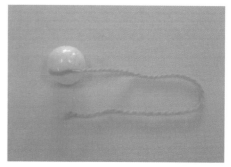

將毛線用膠帶牢固的黏在保麗龍球上。

再將毛線另一端綁在筷子上，並黏上膠帶，手握住筷子，就可以試著將保麗龍球拋進紙杯中喔！

⊜ 遊戲體驗

遊戲一

老師先將小朋友分組，每組派出一位　　　　最後由老師計算每組投進球的次數，
代表，由老師計時，讓每組小朋友比　　　　進球數最多的組別獲勝。
賽將球投入紙杯中。

遊戲二

老師先將小朋友分組並計時，需設立　　　　每組組員必須依紙杯分數由低到高，
不同分數的紙杯讓小朋友挑戰。　　　　　　將球投入紙杯中才能挑戰高分，在時
　　　　　　　　　　　　　　　　　　　　間內可以獲得最高分的組別獲勝。

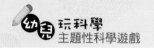
三 溫馨叮嚀

1. 老師或家長在步驟實作方面要注意紙杯底部的缺口大小，大約是筷子的寬度。

2. 可先用砂紙將筷子磨平，毛線的長度可視小朋友的能力而調整，長度越短越容易投進紙杯中。

3. 在遊戲體驗方面，老師或家長可先示範玩法，並提醒正確的拿取方式，給予小朋友練習機會，以掌握其技巧，增加進球機率。

6-5　投射比賽

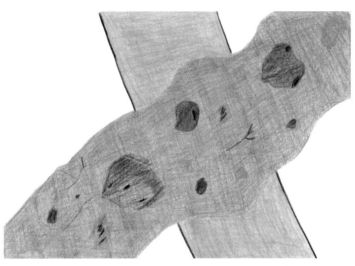

有一天，小精靈村的隔壁村莊因為颱風造成了土石流，把橋都沖斷了。

小精靈：「颱風好可怕喔！隔壁村莊的村民都出不來了，沒有食物可以吃，好可憐，該怎麼辦呢？」

小仙女：「我們可以送食物給他們啊！」

小精靈：「雨下太大，飛機都不能飛了，要怎麼送去呢？」

小仙女：「我們可以把食物綁在發射器上面，再朝著隔壁村莊發射過去呀！」

小精靈：「哇！聽起來好棒喔！妳可以教我做嗎？」

小仙女：「可以啊！小朋友～讓我們一起來動手幫小精靈製作『投射比賽』吧！」

一 步驟實作

材料

西卡紙

吸管兩根

毛線

塑膠瓶蓋

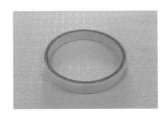

雙面膠

剪刀

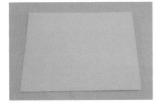

紙板

膠帶

彩色影印紙

乒乓球

尺

作法

把西卡紙裁成長 27 公分寬 19.5 公分的尺寸，並摺成三角形的基座，且用雙面膠黏好。

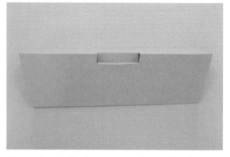

在三角形基座的上方中間處剪兩刀（深 1.5 公分寬 6 公分），把基座上的開口往下壓。

將吸管剪成約 3 公分的兩小段，接著分別黏在基座的下方約 1 公分處及後方約 2 公分處。

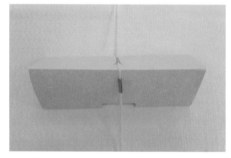

取一小段毛線，並把毛線的一端分別穿過兩段吸管。

接著將紙板裁成寬 6 公分長 20 公分的尺寸，並在中間黏上一段可穿過吸管的彩色影印紙紙條。

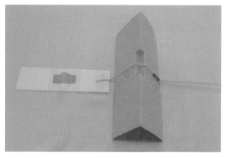

再將靠近基座的毛線，黏在紙板的一端。

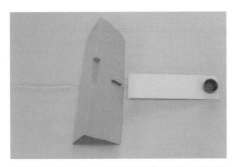

將紙板往右翻,並將瓶蓋用雙面膠黏在紙板另一面的遠端處,並把原本壓在基座右側的毛線移到基座左側。

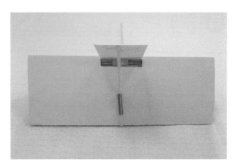

接著拿另一根吸管穿過紙條與基座中間。

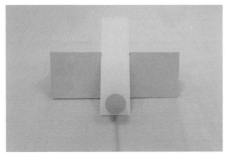

最後拿乒乓球放在瓶蓋上。一手壓住基座底部,另一手拉毛線,就會發射出乒乓球喔!

● 二 遊戲體驗

遊戲一

老師先將小朋友分組，並在前方放一
個籃子，讓每組小朋友輪流投射乒乓
球。

由老師計時，能在一分鐘內投入最多
乒乓球的組別獲勝。

遊戲二

老師事先製作好九宮格分數板並將小
朋友分組，每組派出一位代表。

讓小朋友輪流投射乒乓球，最後射中
分數最多的隊伍獲勝。

溫馨叮嚀

1. 老師或家長在步驟實作方面要注意依小朋友的能力與需求，適時調整教學步驟。

2. 可事先在需黏貼或剪裁的位置標示記號，也可讓小朋友自行發揮創意來彩繪自己的發射器。

3. 在遊戲體驗方面，老師或家長可先示範玩法，並提醒小朋友拉動毛線的速度與力道。

4. 進行第一個遊戲活動時，乒乓球能用其他物品替代。

5. 進行第二個遊戲活動時，需依小朋友的能力來決定發射的距離與高度，且製作成較大型的九宮格分數板，增強小朋友射中的機率。

國家圖書館出版品預行編目（CIP）資料

幼兒玩科學：主題性科學遊戲／高家斌，
白沛緹，高婉綾著 . -- 初版 . -- 新北市：
心理，2017.09
　　面；　公分 . --（幼兒教育系列；51193）
　　ISBN 978-986-191-786-3（平裝）

1. 科學教育　　2. 學前教育

523.23　　　　　　　　　　　　106015515

幼兒教育系列 51193

幼兒玩科學：主題性科學遊戲

作　　　者：高家斌、白沛緹、高婉綾
執 行 編 輯：高碧嶸
總　編　輯：林敬堯
發　行　人：洪有義
出　版　者：心理出版社股份有限公司
地　　　址：新北市新店區光明街 288 號 7 樓
電　　　話：(02) 29150566
傳　　　真：(02) 29152928
郵撥帳號：19293172　心理出版社股份有限公司
網　　　址：http://www.psy.com.tw
電子信箱：psychoco@ms15.hinet.net
排 版 者：龍虎電腦排版股份有限公司
印 刷 者：龍虎電腦排版股份有限公司
初版一刷：2017 年 9 月
初版二刷：2020 年 12 月
I S B N：978-986-191-786-3
定　　　價：新台幣 300 元